AF728262

LA SCIENCE FRANÇAISE

DÉPOT LÉGAL
Seine
N° 103
1916

LA SINOLOGIE

Par ED. CHAVANNES

PARIS
LIBRAIRIE LAROUSSE
13-17, rue Montparnasse

8° O2n
1557

LA SCIENCE FRANÇAISE

LA SINOLOGIE

8° O[2] m
1557

TOUS DROITS DE REPRODUCTION,
DE TRADUCTION, D'ADAPTATION ET D'EXÉCUTION
RÉSERVÉS POUR TOUS PAYS.

COPYRIGHT 1915, BY THE LIBRAIRIE LAROUSSE, PARIS.

LA SCIENCE FRANÇAISE

LA SINOLOGIE

Par Ed. CHAVANNES

PARIS
LIBRAIRIE LAROUSSE
13-17, rue Montparnasse

LA SINOLOGIE

L'ÉTUDE scientifique de la Chine date du XVIIIe siècle et a eu pour promoteurs des jésuites français. Dès 1728, le Père PRÉMARE avait rédigé une grammaire intitulée *Notitia linguæ sinicæ* qui, bien que n'ayant été publiée qu'un siècle plus tard, fut connue de bonne heure en manuscrit et révéla à l'Europe le mécanisme de l'écriture et de la langue chinoises. En 1735 parut la *Description géographique, historique, chonologique et politique de l'Empire du Milieu et de la Tartarie chinoise*, par le Père du HALDE, qui répandit à flots la lumière sur les Chinois et sur les conquérants Mandchous. Le Père GAUBIL inaugurait en même temps les recherches historiques par son *Histoire de Gentchiskan et de toute la dynastie des Mongous* (1739), par son *Traité de la chronologie chinoise,* terminé en 1749, enfin par son *Abrégé de l'histoire chinoise de la grande dynastie Tang*, rédigé en 1753. *Les mémoires concernant l'histoire, les sciences, les arts, les mœurs, les usages, etc. des Chinois*, publièrent de 1776 à 1791 toute une longue série de travaux dont les plus remarquables sont ceux du Père AMIOT. *L'histoire générale de la Chine ou Annales de cet empire traduites du Tong-kien-kang-mou* par le Père DE MAILLA parut de 1777 à 1783. Quand on consulte les gros in-4° et les majestueux in-folio dans lesquels est renfermée la sinologie du XVIIIe siècle, on reste émerveillé du labeur énorme qui fut alors accompli par quelques religieux français; placés devant une civilisation formidable par son ancienneté, sa variété et son étendue, ces pionniers ont su frayer les grandes avenues qui ont permis à leurs successeurs de jeter un coup d'œil d'ensemble sur ce domaine immense et d'orienter leurs investigations.

Au commencement du XIXe siècle, les études sinologiques s'organisent en France même. En 1815 on crée au Collège de France, pour Abel RÉMUSAT (1788-1832), une chaire de langues et de littératures chinoises et tartares-mandchoues. Par ses *Éléments de la grammaire chinoise* (1822), le nouveau professeur fonde la connaissance raisonnée de la langue; par son *Histoire de la ville de Khotan* (1820), il prélude à l'enquête qui se poursuit actuellement sur les anciens centres de culture dans l'Asie centrale; la traduction du *Fo kouo ki* de Fa-hien, publiée en 1836, après la mort d'Abel Rémusat, ouvre la longue série des travaux sur les pélerins boudhiques et fait voir que les récits de ces intrépides voyageurs contiennent des renseignements géographiques et historiques de premier ordre. Enfin, dans ses *Recherches sur les langues tartares* (1820), Abel Rémusat initie le monde savant au mandchou, au mongol, au turc oriental et au tibétain; il fut le premier à tenter d'embrasser tout l'ensemble des peuples septentrionaux ou occidentaux qui furent en relation avec l'Empire du Milieu; les découvertes de ces dernières années nous ont révélé que le problème était bien plus complexe que ne le supposait Abel Rémusat, mais c'est à celui-ci que revient l'honneur d'avoir posé les premiers jalons de la linguistique des peuples dont les destinées ont été intimement liées à celles des Chinois.

Le successeur d'Abel Rémusat au Collège de France fut Stanislas JULIEN qui enseigna pendant plus de quarante années, de 1832 à 1873, et qui fut le meilleur sinologue de son temps. Sa traduction de la *Vie de Hiouen-thsang* (1853), puis des *Mémoires sur les contrées occidentales* (1857-1858) où sont consignées les observations de ce célèbre pèlerin, a éclairé subitement l'Asie centrale et l'Inde au VIIe siècle de notre ère; aujourd'hui encore, les indianistes y ont recours à tout instant et y ont puisé la matière d'innombrables discussions géographiques ou historiques. En faisant ce travail, Stanislas Julien avait été souvent arrêté par la difficulté d'identifier les mots sanskrits qui se présentaient à lui sous une transcription chinoise; il tenta d'établir les règles qui gouvernent ces transcriptions; sa *Méthode*, pu-

J.-P. ABEL-RÉMUSAT (1788-1832)

LITHOGRAPHIE
DE BOILLY

bliée en 1861, est établie d'une manière purement empirique; elle se borne à constater que tel caractère chinois est l'équivalent de telle ou telle syllabe sanskrite; mais elle ne soupçonne même pas les lois phonétiques qui permettent de remonter aux prononciations anciennes des mots chinois et de rendre compte scientifiquement des équivalences qui s'imposaient aux premiers traducteurs des livres bouddhiques; telle qu'elle est cependant, cette méthode a circonscrit nettement le problème; elle permet, sinon de retrouver à coup sûr l'original sanskrit d'une forme chinoise, du moins de limiter le champ des hypothèses. Au terme de sa longue carrière, Stanislas Julien publia sa *Syntaxe nouvelle de la langue chinoise* (1868-1870), dans laquelle il démontrait avec clarté la valeur de la position des mots dans la phrase.

Parmi les élèves de Julien, le plus remarquable était sans doute Edouard Biot (1803-1850), mais il mourut bien avant son maître qui était à peine plus âgé que lui. Il nous a laissé, outre plusieurs savants mémoires, un *Essai sur l'histoire de l'instruction publique en Chine* (1845-1847); ce sujet n'a pas été traité depuis lors parce qu'il présente des obscurités de tout genre. Le principal titre d'Édouard Biot à la reconnaissance des érudits est sa traduction du *Tcheou li* (publiée après sa mort, en 1851), c'est-à-dire du livre classique dans lequel est exposée toute l'organisation administrative de l'époque des Tcheou, plusieurs siècles avant l'ère chrétienne.

Contemporains de Julien et de Biot sont Bazin (1799-1863) qui fit des travaux estimables sur le théâtre chinois et Pauthier (1801-1870) qui eut plus de sens historique que de capacités philologiques.

Après la mort de Stanislas Julien, il y eut un ralentissement dans la production de la sinologie française. Les Anglais prennent alors la direction de ces études. Chez nous il suffit de rappeler quelques noms : le marquis d'Hervey de Saint-Denys (1823-1892) qui traduisit les plus célèbres poésies de l'époque des T'ang ainsi que les notices de l'encyclopédiste Ma Touan-lin sur les peuples étrangers;

Gabriel DEVÉRIA (1844-1899) dont le meilleur ouvrage est un livre sur la frontière sino-annamite où il cherche à débrouiller l'ethnographie compliquée des peuplades limitrophes de la Chine et du Tonkin; enfin IMBAULT-HUART (1857-1897) dont le *Cours de chinois* n'a pas obtenu peut-être toute l'estime qu'il méritait et dont on consulte aujourd'hui encore avec profit les études sur Formose, sur les guerres des Chinois au temps de la dynastie mandchoue et sur le poète moderne Yuan Tseu-ts'ai.

L'époque contemporaine a été marquée par une renaissance très brillante de l'école sinologique française. Les jésuites, renouant la glorieuse tradition des missionnaires du XVIIIe siècle, ont fait, soit dans le Tche-li méridional, à Hien hien près de Ho-kien-fou, soit à Zikawei près de Chang-hai, plusieurs publications de haute importance. Il convient de signaler en premier lieu le *Dictionnaire chinois-français* du Père COUVREUR, dont trois éditions successives (1890, 1904, 1911) ont consacré le succès; ce dictionnaire renseigne d'une manière complète et exacte; il a en outre le mérite de distinguer les divers sens d'un même mot et de grouper en conséquence les citations qui s'y rapportent, puis d'indiquer avec précision l'origine des exemples qu'il invoque. Ce livre a rendu des services inappréciables et a contribué pour une large part à développer l'étude du chinois en France. C'est encore au Père Couvreur qu'on doit toute une série de volumes dans lesquels les classiques tels que les Quatre livres (1895), le Che king (1896), le Chou king (1897) et le Li ki (1899) sont interprétés par une double version, l'une latine qui est le calque exact de la phrase chinoise, l'autre française qui est d'allure plus libre. Ces traductions ne sont pas critiques, mais elles reproduisent avec beaucoup de fidélité l'explication traditionnelle des classiques.

A la même mission que le Père Couvreur, appartient le Père WIEGER, qui a produit une série d'ouvrages dans lesquels, sans se perdre dans des considérations approfondies, il traduit ou paraphrase une masse considérable de textes chinois. Ses *Textes historiques* (1903-1904), sont à recommander à tous ceux qui veulent acquérir une connaissance générale de l'histoire de la Chine ; ses *Leçons étymologiques* (1900) mettent à la portée du lecteur les indications contenues dans le vieux dictionnaire *Chouo wen* ; son *Catalogue du canon taoïste* (1911) est un premier essai de classification des écrits inspirés par la religion taoïste.

Dans la mission des jésuites à Zikawei, l'activité n'a pas été moindre. La grande collection des *Variétés sinologiques* renferme de savants mémoires sur les sujets les plus divers ; les plus notables sont celui du Père Havret sur l'inscription nestorienne de Si-ngan fou et celui du Père Gaillard, contenant la description et l'histoire de la ville de Nanking. Mais il faut faire une place d'honneur aux livres composés par des pères chinois avec l'assistance de leurs confrères français ; les monographies du Père Hoang, sur le mariage et sur la propriété foncière, sont de premier ordre ; sa *Chronologie* est un instrument indispensable de travail, qui permet de convertir immédiatement une date du calendrier lunaire chinois en date du calendrier solaire européen ; les volumes du Père Zi, sur les examens littéraires et sur les examens militaires, nous ont conservé le souvenir de la réglementation minutieuse qui a présidé au recrutement des fonctionnaires chinois jusqu'au commencement du XXe siècle.

A Paris, M. Henri Cordier, dans les deux éditions successives (1878-1885 et 1904-1908) de sa *Bibliotheca sinica*, a dressé le bilan de toutes les acquisitions de la science dans le domaine chinois ; cet inventaire, établi avec un soin minutieux, est extrêmement utile aux étudiants et aux savants eux-mêmes. L'activité de M. Cordier s'est étendue aux sujets les plus divers : les voyages d'Odoric de Pordenone ont été édités par lui (1891) avec une profusion de notes qui témoignent d'une érudition sûre et étendue ; ses recherches sur les rapports de la Chine et de l'Europe ont eu leur couronnement dans sa grande *Histoire des relations de la Chine avec les puissances occidentales, de 1860 à 1900*.

A l'École des langues orientales vivantes, M. Vissière a donné à l'enseignement pratique de la langue un fondement solide par ses *Premières leçons de chinois* (1909).

M. CHAVANNES, qui a succédé, en 1893, au marquis d'Hervey de Saint-Denys dans la chaire du Collège de France, a publié les cinq premiers volumes d'une traduction intégrale des *Mémoires historiques de Sseu-ma Ts'ien* (1895-1905) ; il a contribué à fonder les études archéologiques tant par son livre sur la *Sculpture sur pierre en Chine au temps des deux dynasties Han* (1893), que par sa *Mission archéologique dans la Chine septentrionale*, dont les albums (1909) renferment 488 planches. Il a consacré tout un volume à la montagne du *T'ai chan* (1910), qui groupe autour de son sommet sacré les plus vieilles croyances de la Chine antique. Il a participé au grand mouvement des découvertes en Asie centrale, soit en réunissant et en traduisant des *Documents sur les Tou-kiue (Turcs) occidentaux* (1903), soit en interprétant les fiches de bois exhumées par Sir Aurel Stein, dans les sables du Turkestan oriental (1915).

Parmi les explorateurs de l'Asie centrale qui nous ont révélé tout un monde nouveau, M. Paul PELLIOT est un des plus remarquables. Déjà connu par des travaux approfondis sur la bibliographie chinoise et sur la géographie ancienne de l'Asie orientale, ce jeune savant accomplit, de 1905 à 1908, en compagnie du Dr VAILLANT, un voyage dont les résultats sont immenses. Pour ne parler que de la trouvaille la plus sensationnelle, il eut l'heureuse fortune de visiter, peu après Sir Aurel Stein, les grottes des Mille Bouddhas, à Touen-houang, et d'être admis à examiner les quinze à vingt mille manuscrits qui avaient été murés dans une excavation au XIe siècle de notre ère ; il put acquérir et rapporter à la Bibliothèque nationale, à Paris, une grande partie de ces textes, la plupart en chinois et en tibétain, mais quelques-uns aussi en écritures brahmî et ouïgoure. Cette avalanche de documents demandera de longues années pour être pleinement utilisée : anciens manuscrits d'ouvrages chinois ; relation d'un voyage aux Indes qui paraissait irrémédiablement perdue ; textes relatifs au bouddhisme, au taoïsme, au manichéisme, au nestorianisme ; pièces d'archives ; spécimens d'écriture et de langues à

Cl. Pierre Petit.

STANISLAS JULIEN (1799-1873)

peine connues; il y a là de quoi orienter dans des voies encore non frayées toute une génération de travailleurs; M. Pelliot, nommé en 1911 professeur au Collège de France, de langues, histoire et archéologie de l'Asie centrale, est le chef désigné de cette nouvelle école.

A Lyon, une chaire de chinois a été fondée en 1900; elle a été confiée à M. Maurice COURANT, qui s'était fait connaître par une excellente *Bibliographie coréenne* (1895-1897) où il énumérait et analysait tous les livres publiés en Corée jusqu'en 1890. Depuis lors, M. Courant a écrit un savant *Essai historique sur la musique des Chinois* (1912) et une *Grammaire de la langue chinoise parlée* (1914).

Pour que les études sur l'Asie orientale fussent en contact permanent avec les pays qui sont leur objet, l'École française d'Extrême-Orient a été créée le 15 décembre 1898; placée en Indochine, dans le carrefour où se rencontrent les civilisations de la Chine et de l'Inde, elle a été tout naturellement amenée à consacrer à la Chine une part considérable de son activité et elle a compté parmi ses membres des sinologues de grand avenir. A M. Pelliot, appelé à Paris, à M. HUBER, philologue d'une rare perspicacité, mort prématurément, ont succédé maintenant MM. Henri MASPERO et Léonard AUROUSSEAU, qui conservent au *Bulletin de l'École*, pour la partie chinoise, sa haute valeur scientifique.

Tandis que le *Bulletin de l'École française d'Extrême-Orient* se publie à Hanoï depuis 1901, la revue *T'oung pao*, dont depuis 1904, les deux directeurs, MM. Cordier et Chavannes sont français, est imprimée à Leyde. Ce sont là les deux périodiques les plus importants parmi ceux qui sont spécialement consacrés à l'étude scientifique de l'Extrême-Orient. Le *Journal Asiatique*, de son côté, accueille souvent des travaux de sinologie, mais son cadre est beaucoup plus vaste puisqu'il embrasse tout l'ensemble de l'orientalisme. Le tome I (1913) des *Mémoires concernant l'Asie orientale*, paraissant sous les auspices de l'Académie des Inscriptions, et les tomes I et II (1914) d'*Ars Asiatica*, publication dirigée par M. Victor GOLOUBEW, contiennent presque exclusivement des articles sinologiques auxquels le grand format de ces revues a permis de joindre de belles planches.

De ce court exposé il nous sera permis de conclure que si la sinologie est, dans ses origines, une science inaugurée par des missionnaires français et constituée par les Abel Rémusat et les Stanislas Julien, elle compte, dans son état actuel, des représentants français qui sont dignes de leurs illustres devanciers.

Ed. CHAVANNES.

BIBLIOGRAPHIE

Stanislas Julien. — *Laotseu, le livre de la vie et de la vertu*, in-8°. Paris, 1842.

— *Histoire de la vie de Hiouen Thsang*, in-8°. Paris, 1853.

— *Mémoires sur les contrées occidentales par Hiouen Thsang*, 2 vol. in-8°. Paris, 1857.

— *Syntaxe nouvelle de la langue chinoise*, 2 vol. in-8°. Paris, 1869-1870.

Biot. — *Le Tcheou li ou Rites des Tcheou*, 2 vol. in-8°. Paris, 1851.

— *Essai sur l'histoire de l'instruction publique en Chine et de la corporation des Lettrés depuis les anciens temps jusqu'à nos jours*, 2 vol. in-8°. Paris, 1845-1847.

Le P. Étienne Zi. — **Pratique des examens littéraires*, in-8°. Chang-hai, 1894.

Le P. Havret. — *La Stèle chrétienne de Si-ngan-fou*, 3 vol. in-8°. Chang-hai, 1895, 1897 et 1912.

Le P. Gaillard. — *Nankin, port ouvert*, in-8°. Chang-hai, 1901.

— *Nankin, aperçu historique et géographique*, in-8°. Chang-hai, 1903.

Le P. Hoang. — **Notions techniques sur la propriété en Chine*, in-8°. Chang-hai, 1897.

— *Le Mariage chinois au point de vue légal*, in-8°. Chang-hai, 1898.

— *Concordance des chronologies néoméniques chinoise et européenne*, in-8°. Chang-hai, 1910.

Le P. WIEGER. — **Rudiments de parler chinois*, in-8°. Ho Kien Fou, 1895-1896. Cette collection comprend les ouvrages suivants :
— *Morale et usages populaires*, in-8°. 1894.
— *Narrations vulgaires*, I et II, in-8°. 1895.
— *Leçons étymologiques. Lexiques*, in-8°. 1900.
— *Textes historiques*, 2 vol. in-8°. 1903-1904.
— *Textes philosophiques*, in-8°. 1906.
— *Langue écrite, mécanisme, phraséologie*, in-8°. 1908.
— *Folklore chinois moderne*, in-8°. 1909.
— *Bouddhisme chinois*. Tome I, *Vinaya, Monachisme et discipline;* tome II, *Les vies chinoises du Buddha*, 2 vol. in-8°. 1910 et 1913.
— *Le canon Taoïste*, in-8°, 1911.
— *Les pères du système Taoïste*, in-8°. 1913.

Le P. SÉRAPHIN-COUVREUR. — *Dictionnaire classique de la langue chinoise*, 3e éd., in-fol. Ho-kien fou, 1911.
— *Choix de documents, lettres officielles, proclamations, mémoriaux, inscriptions*. Texte chinois avec traduction en français et en latin, in-8°. 1894.
— *Les quatre Livres*, avec un commentaire abrégé en chinois, une double traduction en français et en latin et un vocabulaire, in-8°. 1895.
— *Cheu king*. Texte chinois avec une double traduction en français et en latin et un vocabulaire, in-8°. 1896.
— *Chou king*. Texte chinois avec une double traduction en français et en latin, des annotations et un vocabulaire, in-8°. 1897.
— *Li ki ou Mémoires sur les bienséances et les cérémonies*. Texte chinois avec une double traduction en français et en latin, 2 vol. in-8°. 1899.

⁂

Henri CORDIER. — **Bibliotheca sinica*, 2e édition, 4 vol. in-8°. Paris, Leroux, 1904-1908.

E. CHAVANNES. — **Les Mémoires historiques de Se-ma Ts'ien*, 5 vol. in-8°. Paris, Leroux, 1895-1903.
— *Documents sur les Tou-kiue occidentaux*, in-8°. Publication de l'Académie des Sciences de Saint-Pétersbourg, 1903.
— **Mission archéologique dans la Chine septentrionale*, 2 albums de 488 planches, tome I, 1re partie, 1 vol. in-8°. Paris, Leroux, 1913.

E. Chavannes. — *Le T'ai chan. Essai de monographie d'un culte chinois*, in-8°. Paris, Leroux, 1910.

— *Les Documents chinois découverts par Aurel Stein dans les sables du Turkestan oriental*, in-4°. Oxford, Imprimerie de l'Université, 1913.

M. Courant. — **Bibliographie coréenne*, 4 vol. in-8°. Paris, Leroux, 1895-1901.

— **Essai historique sur la musique des Chinois*, in-8°. Paris, Delagrave, 1912.

— *La Langue chinoise parlée. Grammaire du Kwan-hwa septentrional*, in-8°. Paris, Leroux, 1914.

P. Pelliot. — *Deux itinéraires de Chine en Inde à la fin du VIIIe siècle*. Extrait du Bulletin de l'École française d'Extrême-Orient, tome IV, 1904.

✿ ✿ ✿

**Bulletin de l'École française d'Extrême-Orient*, 14 vol. gr. in-8°. Hanoï.

Ars Asiatica, 2 vol. Bruxelles et Paris, 1914.

**Mémoires concernant l'Asie orientale*, publiés par l'Académie des Inscriptions et belles-lettres, t. I. Paris, Leroux, 1913.

Les ouvrages marqués d'un astérisque sont ceux qui figurent, en totalité ou en partie, dans la Bibliothèque de la Science française, à l'Exposition de San Francisco.

R.F. IMPRIMÉS

LA SCIENCE FRANÇAISE

Ouvrage publié sous les auspices du Ministère de l'Instruction publique, avec une introduction de

M. LUCIEN POINCARÉ
Directeur de l'Enseignement supérieur

A l'occasion de l'Exposition de San Francisco, à laquelle le Ministère de l'Instruction publique a été sollicité de participer, M. Lucien Poincaré, Directeur de l'Enseignement supérieur, a demandé à nos plus éminents savants d'exposer, en de courtes mais substantielles notices, la part essentielle que la France a apportée au progrès scientifique.

Pour chaque branche, on a essayé de remonter au moment où cet ordre d'études fut abordé pour la première fois chez nous; on a indiqué les chemins tracés par les glorieux efforts de nos savants; on a signalé enfin, avec quelque insistance, l'étape actuellement atteinte. Chaque notice est accompagnée d'une bibliographie abondante, qui donne à l'ouvrage un caractère de référence de premier ordre.

La Science francaise, qui comprend deux volumes, constitue en quelque sorte le bilan tangible de l'activité scientifique de la France et marque d'une façon éclatante la place prépondérante qu'occupe la science française dans la marche triomphale de l'esprit humain vers la Vérité.

(Voir ci-après la composition de chaque volume).

LIBRAIRIE LAROUSSE, 13-17, rue Montparnasse, PARIS (6e)

LA SCIENCE FRANÇAISE

Prix des notices séparées

TOME Ier

BERGSON, La Philosophie	0 fr. 50
DURKHEIM, La Sociologie	0 fr. 50
LAPIE, La Science de l'éducation	0 fr. 50
APPELL, Les Mathématiques	0 fr. 50
BAILLAUD, L'Astronomie	0 fr. 75
BOUTY, La Physique	0 fr. 50
JOB, La Chimie	0 fr. 50
LACROIX, La Minéralogie	0 fr. 75
DE MARGERIE, La Géologie	0 fr. 75
ZEILLER, La Paléontologie botanique	0 fr. 50
BOULE, La Paléontologie zoologique	0 fr. 75
LE DANTEC, La Biologie	0 fr. 50
ROGER, Les Sciences médicales	0 fr. 75
DE MARTONNE, La Géographie	0 fr. 50

(Chaque brochure contient un ou plusieurs portraits hors texte)

TOME II

MASPERO, Les Études égyptologiques	0 fr. 75
COLLIGNON, L'Archéologie classique	0 fr. 75
LANGLOIS, Les Études historiques	0 fr. 50
MALE, L'Histoire de l'Art	0 fr. 50
MEILLET, La Linguistique	0 fr. 50
Sylvain LÉVY, L'Indianisme	0 fr. 50
CHAVANNES, La Sinologie	0 fr. 50
CROISET, L'Hellénisme	0 fr. 50
DURAND, La Philologie latine	0 fr. 50
DOTTIN, La Philologie celtique	0 fr. 50
JEANROY, Les Études sur la Langue française	0 fr. 50
JEANROY, Les Études sur la Littérature française du moyen âge	0 fr. 50
LANSON, Les Études sur la Littérature française moderne	0 fr. 50
HAUVETTE, Les Études italiennes	0 fr. 50
MARTINENCHE, Les Études hispaniques	0 fr. 50
LEGOUIS, Les Études anglaises	0 fr. 50
ANDLER, Les Études germaniques	0 fr. 75
LARNAUDE, Les Sciences politiques et juridiques	0 fr. 75
GIDE, Les Sciences économiques	0 fr. 50

(Chaque brochure contient un ou plusieurs portraits hors texte)

LIBRAIRIE LAROUSSE, 13-17, rue Montparnasse, PARIS (6e)
(Envoi franco contre mandat-poste) **et chez tous les libraires.**

Paris. — Imp. LAROUSSE, 17, rue Montparnasse. — 736

LIBRAIRIE LAROUSSE

EXTRAIT DU CATALOGUE — *13-17, rue Montparnasse, PARIS.*

Dictionnaires Larousse

Les *Dictionnaires Larousse*, ont eu, par leur documentation claire et pratique, toujours soucieuse des exigences de l'actualité, le rare privilège de légitimer la faveur de plus en plus grande dont ils jouissent si heureusement en France et à l'étranger. Sans doute, la cause de cette vogue réside notamment dans l'adaptation rationnelle et méthodique du vocabulaire aux formes et aux exigences variées de la vie, qu'il s'agisse de l'intellectuel ou simplement de l'homme de métier. Une autre raison de ce succès est la multiplicité des formats grâce auxquels les éditeurs ont pu se mettre à la portée de toutes les bourses et satisfaire à tous les besoins.

LAROUSSE ÉLÉMENTAIRE ILLUSTRÉ. Édition refondue et augmentée sous la direction de Claude et Paul AUGÉ. Un vol. de 1 275 pages (format 10,5 × 16,5), 2 500 grav., 37 tableaux encyclopédiques dont 2 en couleurs, 24 cartes, 600 portraits. Cartonné, 2 fr. 60; relié toile, titre or. 3 francs

LAROUSSE CLASSIQUE ILLUSTRÉ, par Claude AUGÉ. Dictionnaire manuel à l'usage des écoles, plus complet qu'aucun autre dictionnaire de même prix. Beau volume de 1 100 pages (format 13,5 × 20), 4 150 gravures, 70 tableaux encyclopédiques dont 2 en couleurs et 114 cartes dont 7 en couleurs. Cartonné . . . . 3 fr. 30

Relié toile (reliure originale de GIRALDON). . . . . 3 fr. 75

(0 fr. 75 en sus pour frais d'envoi à l'étranger.)

PETIT LAROUSSE ILLUSTRÉ. Publié sous la direction de Claude AUGÉ. Le plus complet et le plus intéressant de tous les dictionnaires manuels. Beau volume de 1 664 pages (format 13,5 × 20), 5 800 gravures, 130 tableaux encyclopédiques dont 4 en couleurs, et 120 cartes dont 7 en couleurs. Relié toile (reliure originale de GRASSET), en trois tons. 5 francs
En reliure souple pleine peau . . . . 7 fr. 50
(1 fr. en sus pour frais d'envoi dans les localités non desservies par le chemin de fer et à l'étranger.)

LAROUSSE DE POCHE, par Claude et Paul AUGÉ. Le seul dictionnaire de poche vraiment pratique et complet, contenant plus de 85 000 mots avec leur définition, plus un traité de grammaire et de littérature française. Joli volume de 1 292 pages sur papier extra-mince (*bible paper*), format 10,5×16,5, épaisseur 2 centimètres, poids 315 grammes. Relié toile . . . . 6 francs
Elégamment relié peau souple, dans un étui . . . . . . 7 fr. 50

LE LAROUSSE POUR TOUS, dictionnaire encyclopédique en *deux volumes*, publié sous la direction de Claude AUGÉ. Une encyclopédie complète à la portée de tous : tous les mots de la langue, toutes les connaissances humaines, sous la forme la plus pratique et la moins coûteuse. 1 950 pages (format 21×30,5), 17 325 gravures, 216 cartes en noir et en couleurs, 35 planches en couleurs. Broché. . . . . 35 francs
Relié demi-chagrin (reliure originale de G. AURIOL). 45 francs
(Facilités de payement — Prospectus spécimen sur demande.)

NOUVEAU LAROUSSE ILLUSTRÉ en *huit volumes*, publié sous la direction de Claude AUGÉ. Le plus récent, le plus remarquablement documenté et le plus magnifiquement illustré des grands dictionnaires encyclopédiques, rédigé par plus de 400 collaborateurs d'élite : le plus grand succès de la librairie française. 7 600 pages (format 32×26), 237 000 articles, 49 000 gravures, 504 cartes en noir et en couleurs, 89 planches en couleurs. Broché. . . . . 230 francs
Relié demi-chagrin (reliure originale de GRASSET). 275 francs
Casier-Bibliothèque, en noyer ciré ou acajou ciré. . 30 francs
(Facilités de payement — Prospectus spécimen sur demande.)

GRAND DICTIONNAIRE LAROUSSE en *dix-sept volumes*. Le plus vaste répertoire encyclopédique du monde entier. 24 500 pages (format 32×26), 2 864 gravures. Broché, 650 fr. ; — Relié demi-chagrin. . . . . 750 francs
(Facilités de payement — Prospectus spécimen sur demande.)

Bibliothèque Larousse
encyclopédique et illustrée

Directeur : GEORGES MOREAU

LA *Bibliothèque Larousse*, collection véritablement encyclopédique, assemble dans un but de culture française intégrale, les ouvrages les plus divers répartis en neuf sections : *Littérature — Beaux-Arts — Sciences — Histoire et Géographie — Médecine et hygiène — Vie sociale et droit usuel — Agriculture — Connaissances pratiques — Sports*. Chaque section renferme en son cadre les connaissances qu'il fallait autrefois rechercher péniblement dans les ouvrages spéciaux, généralement coûteux et, souvent, d'une lecture aride. Cette collection se distingue en outre par une illustration documentaire abondante, exactement appropriée à son objet, par une présentation artistique où se manifeste le goût français, et, avec tous ces avantages, par son prix des plus modiques.

Les ouvrages de cette collection sont envoyés franco contre mandat-poste (pour l'étranger, ajouter 20 centimes par volume).

LITTÉRATURE

LA section littéraire comprend quatre subdivisions : 1° Les *chefs-d'œuvre* de la littérature classique et moderne ; 2° des *anthologies* d'écrivains choisis par époques et par pays ; 3° des précis d'*Histoire de la littérature* française et étrangère ; 4° des *monographies* des plus grands écrivains.

I — Les chefs-d'œuvre de la littérature

Le soin le plus attentif à été apporté à la présentation de ces ouvrages ; la valeur critique en est garantie par la compétence des écrivains, professeurs, agrégés de l'Université ou littérateurs avertis, qui ont donné à chaque œuvre, par une notice préliminaire et des notes au texte, un caractère d'érudition simple et sûre.

De nombreuses gravures hors texte empruntées aux éditions originales les plus recherchées et aux tableaux de maîtres ; de curieux autographes, des vignettes empruntées au meilleur goût de l'époque envisagée, constituent une documentation de premier ordre et réalisent l'idéal du bibliophile : les chefs-d'œuvre littéraires illustrés par les chefs-d'œuvre de l'art.

RABELAIS : Gargantua et Pantagruel. Avec biographie et notes, par H. Clouzot. *Trois vol.* illustrés de 12 grav. hors texte. Chaque vol., sous couverture rempliée . . 1 fr. 50
Relié toile ivoirine, titre bleu et or, tête bleue. . . . . 2 fr. 50
En *un seul volume*, reliure demi-peau, tête dorée. . . 6 francs

CORNEILLE : Théâtre choisi illustré. Avec biographie et notes, par Henri Clouard. *Trois vol.* illustrés de 24 gravures dont 13 hors texte d'après Gravelot (édition de 1764). Chaque volume, broché, 1 fr.; relié toile souple. . . . 1 fr. 30
En *un seul volume*, reliure demi-peau, tête dorée . . . 6 francs

RACINE : Théâtre complet illustré. Avec biographie et notes, par Henri Clouard. *Trois vol.* illustrés de 32 gravures dont 12 hors texte d'après J. de Sève (édition de 1767). Chaque volume, broché, 1 fr. ; relié toile souple . . . 1 fr. 30
En *un seul volume*, reliure demi-peau, tête dorée . . . 6 francs

MOLIÈRE : Théâtre complet illustré. Avec biographie et notes, par Th. Comte, agrégé de l'Université. *Sept vol.* illustrés de 63 grav. dont 36 hors texte d'après Boucher (édition de 1734). Chaque vol., broché, 1 fr.; relié toile souple. 1 fr. 30
En *deux volumes*, reliure demi-peau, tête dorée . . . . 13 francs

LA FONTAINE : Fables illustrées. Avec biographie et notes, par M. Morel, agrégé de l'Université. *Deux vol.* illustrés de 24 gravures d'après Oudry (édition de 1755) et 4 hors texte. Chaque vol., br., 1 fr.; relié toile souple . . . . 1 fr. 30
En *un seul volume*, reliure demi-peau, tête dorée . . . 4 fr. 50

BOILEAU : Œuvres poétiques illustrées. Avec biographie et notes, par L. Coquelin. 8 gravures d'après Cochin (édition de 1747). Broché, 1 fr. ; relié toile souple. . . . . 1 fr. 30
En reliure demi-peau, tête dorée. . . . . 3 francs

LA BRUYÈRE : Les Caractères. Avec biographie et notes, par René Pichon, agrégé de l'Univ. *Deux vol.* 8 gravures hors texte. Chaque vol., broché, 1 fr.; relié toile souple. . . 1 fr. 30
En *un seul volume*, reliure demi-peau, tête dorée . . . 4 fr. 50

LA ROCHEFOUCAULD : Maximes. Avec biographie et notes, par M. Roustan, agrégé de l'Univ. 4 gravures hors texte, couv. rempliée, 1 fr. 50; relié toile ivoirine . . . 2 fr. 50
En reliure demi-peau, tête dorée. . . . . 3 francs

BOSSUET : ŒUVRES CHOISIES ILLUSTRÉES. Avec biographie et notes, par Henri CLOUARD. *Deux volumes*, 18 gravures. Chaque volume, broché, 1 franc; relié toile souple . . 1 fr. 30
En *un seul volume*, reliure demi-peau, tête dorée . . . 4 fr. 50

Mme DE LA FAYETTE : LA PRINCESSE DE CLÈVES. Avec biographie et notes, par L. COQUELIN. 9 gravures dont 2 hors texte. Broché, 1 franc; relié toile souple. . . . 1 fr. 30
En reliure demi-peau, tête dorée. . . . . 3 francs

Mme DE SÉVIGNÉ : LETTRES CHOISIES ILLUSTRÉES, suivies d'un choix de lettres de femmes célèbres du XVIIe siècle. Avec biographie et notes, par Marguerite CLÉMENT, agrégée de l'Université. — *Deux vol.*, 8 gravures hors texte. — Chaque vol., sous couv. rempliée, 1 fr. 50; relié toile ivoirine . . . . 2 fr. 50
En *un seul volume*, reliure demi-peau, tête dorée . . . 4 fr. 50

REGNARD : THÉATRE CHOISI ILLUSTRÉ. Avec biographie et notes, par Georges ROTH, agrégé de l'Univ. — *Deux vol.*, 8 grav. Chaque vol., couv. rempliée, 1 fr. 50; rel. t. ivoir. 2 fr. 50
En *un seul volume*, reliure demi-peau, tête dorée . . . 4 fr. 50

SAINT-SIMON : MÉMOIRES (extraits suivis). Avec biographie et notes, par Aug. DUPOUY, agrégé de l'Univ. *Quatre vol.*, 17 hors-texte. Chaque vol., br., 1 fr.; relié toile souple. 1 fr. 30
En *un seul volume*, reliure demi-peau, tête dorée. . . 7 francs

ABBÉ PRÉVOST : MANON LESCAUT. Avec biographie et notes, par GAUTHIER-FERRIÈRES. 11 grav. Br. . 1 franc
Rel. toile souple, 1 fr. 30; en reliure d.-peau, tête dorée. 3 francs

J.-J. ROUSSEAU : LES CONFESSIONS (extraits suivis). Avec biographie et notes, par H. LEGRAND, agrégé de l'Univ. 6 gr. d'après Le Barbier (1774). Br., 1 fr.; rel. t. souple 1 fr. 30

J.-J. ROUSSEAU : EMILE (extraits suivis). Avec notices et annotations, par H. LEGRAND. 4 gravures hors texte. Sous couverture rempliée, 1 fr. 50; relié toile ivoirine. . . 2 fr. 50

VOLTAIRE : ROMANS. Avec biographie et notes, par H. LEGRAND. *Deux vol.* 6 gr. Chaque vol., br., 1 fr.; rel. t. s. 1 fr. 30
En *un seul volume*, reliure demi-peau, tête dorée . . . 4 fr. 50

VOLTAIRE : THÉATRE CHOISI ILLUSTRÉ. Avec notes et notices, par H. LEGRAND. 4 grav. hors texte d'après Moreau le Jeune (édition de 1784). Br., 1 fr.; relié toile souple. 1 fr. 30

VOLTAIRE : ŒUVRE POÉTIQUE. Avec notes, par H. LEGRAND. 4 grav., couv. rempliée, 1 fr. 50; rel. toile ivoirine. 2 fr. 50

VOLTAIRE : HISTOIRE DE CHARLES XII. Avec notes et notices, par H. LEGRAND. 1 grav. hors texte et 1 carte en couleurs, couv. rempliée, 1 fr. 50; relié toile ivoirine. 2 fr. 50

DIDEROT : ŒUVRES CHOISIES ILLUSTRÉES. Avec biographie et notes, par Aug. DUPOUY. *Trois vol.* 12 gravures. Chaque vol. sous couverture rempliée, 1 fr. 50; rel. t. ivoirine. 2 fr. 50
En *un seul volume*, reliure demi-peau, tête dorée . . . 6 francs

BEAUMARCHAIS : THÉATRE CHOISI ILLUSTRÉ. Avec biographie et notes, par M. ROUSTAN, agrégé de l'Université. *Deux vol.*, 8 grav. Chaque vol., br., 1 fr.; rel. t. souple. 1 fr. 30
En *un seul volume*, reliure demi-peau, tête dorée . . . 4 fr. 50

BERNARDIN DE SAINT-PIERRE : PAUL ET VIRGINIE. Avec biographie et notes, par Aug. DUPOUY, agrégé de l'Université. 4 grav. hors texte. Couverture rempliée. 1 fr. 50
Rel. toile ivoirine, 2 fr. 50; rel. demi-peau, tête dorée. 3 francs

BENJAMIN CONSTANT. ADOLPHE ET ŒUVRES CHOISIES. Avec biographie et notes par M. ALLEM. 2 hors-texte. Couv. rempliée, 1 fr. 50; rel. t. ivoirine, 2 fr. 50; rel. demi-peau. 3 francs

CHATEAUBRIAND : ŒUVRES CHOISIES ILLUSTRÉES. Avec biographie et notes, par DUPOUY. *Trois vol.*, 18 gravures. Chaque volume, broché, 1 fr.; relié toile souple. . . . 1 fr. 30
En *un seul volume*, reliure demi-peau, tête dorée . . . 6 francs

STENDHAL : LA CHARTREUSE DE PARME. Avec biographie et notes, par DUPOUY. *Deux volumes*, 4 gravures hors texte. Chaque volume, broché, 1 fr.; relié toile souple . . . 1 fr. 30
En *un seul volume*, reliure demi-peau, tête dorée . . . 4 fr. 50

STENDHAL : LE ROUGE ET LE NOIR. Avec introduction et notes, par C. STRYIENSKI. *Deux volumes*, 4 gravures hors texte. Chaque volume, broché, 1 fr.; relié toile souple. 1 fr. 30
En *un seul volume*, reliure demi-peau, tête dorée . . . 4 fr. 50

STENDHAL : CHRONIQUES ITALIENNES. Avec notices et annotations, par DUPOUY. 4 gravures hors texte. Sous couverture rempliée, 1 fr. 50; relié toile ivoirine. . . . . . . 2 fr. 50

BALZAC : ŒUVRES CHOISIES ILLUSTRÉES. *Huit volumes* illustrés de 7 gravures et 2 autographes. Chaque volume, broché, 1 franc; relié toile souple . . . . 1 fr. 30
En *trois volumes*, reliure demi-peau, tête dorée . . . . 16 fr. 50

GÉRARD DE NERVAL : ŒUVRES CHOISIES ILLUSTRÉES. Avec biographie et notes, par GAUTHIER-FERRIÈRES. 4 grav. Couv. rempl., 1 fr. 50; rel. t. ivoirine, 2 fr. 50; rel. d.-peau. 3 francs

MURGER : Scènes de la vie de Bohème. Avec notice biographique. 4 grav. hors texte. Couv. rempliée. 1 fr. 50
Rel. toile ivoirine, 2 fr. 50; rel. demi-peau, tête dorée. 3 francs

MUSSET : Œuvres complètes illustrées. *Huit vol.*, 7 grav. et 2 autogr. Chaque vol., br., 1 fr.; rel. t. souple. 1 fr. 30
En *trois volumes*, reliure demi-peau, tête dorée . . . . 16 fr. 50

VIGNY : Œuvres illustrées. Avec biographie et notes, par Gauthier-Ferrières. *Sept volumes*, 27 grav. hors texte.
Chaque vol., couv. rempliée, 1 fr. 50 ; rel. toile ivoirine. 2 fr. 50
En *trois volumes*, reliure demi-peau, tête dorée . . . . 15 francs

VICTOR HUGO : Œuvres choisies illustrées. Avec biographie et notices, par Léopold-Lacour, agrégé de l'Université, et préface de G. Simon. *Deux vol.*, 60 grav. (*Poésie*, 1 vol.; *Prose*, 1 vol.). Chaque volume, couverture rempliée. 5 francs
Relié toile ivoirine, 6 fr.; relié demi-peau, tête dorée. 8 francs

II — Anthologies.

ANTHOLOGIE des écrivains français des XVe et XVIe siècles. Avec biographies et notes, par Gauthier-Ferrières. *Deux vol.* (*Poésie*, 1 vol.; *Prose*, 1 vol.). 36 grav. dont 8 hors texte, 18 autogr. Chaque vol., couvert. rempliée 1 fr. 50
Relié toile ivoirine, titre bleu et or, tête bleue . . . . 2 fr. 50
En *un seul volume*, reliure demi-peau, tête dorée . . . 4 fr. 50

ANTHOLOGIE des écrivains français du XVIIe siècle. Avec biographies et notes, par Gauthier-Ferrières. *Deux volumes* (*Poésie*, 1 vol.; *Prose*, 1 vol.). 45 portraits dont 8 hors texte, 51 autographes. Chaque volume, broché, 1 franc; relié toile souple. . . . . 1 fr. 30
En *un seul volume*, reliure demi-peau, tête dorée . . . 4 fr. 50

ANTHOLOGIE des écrivains français du XVIIIe siècle. Avec biographies et notes, par Gauthier-Ferrières. *Deux volumes* (*Poésie*, 1 vol.; *Prose*, 1 vol.). 61 portraits, dont 8 hors texte, 56 autographes. Chaque volume, broché, 1 franc; relié toile souple . . . . 1 fr. 30
En *un seul volume*, reliure demi-peau, tête dorée. . . . 4 fr. 50

ANTHOLOGIE des écrivains français du XIXe siècle. Avec biographie et notes, par Gauthier-Ferrières. *Quatre volumes* (*Poésie*, 2 vol.; *Prose*, 2 vol.). 89 portraits, dont 16 hors texte, 83 autographes. Chaque volume, broché, 1 franc; relié toile souple . . . . 1 fr. 30
En *un seul volume*, reliure demi-peau, tête dorée. . . . 7 francs

ANTHOLOGIE DES ÉCRIVAINS FRANÇAIS CONTEMPORAINS (POÉSIE). Avec notices, par GAUTHIER-FERRIÈRES. 4 portraits hors texte et 36 autographes. Sous couverture rempliée, 1 fr. 50; relié toile ivoirine. . . . . 2 fr. 50

Sous presse : ANTHOLOGIE DES ÉCRIVAINS FRANÇAIS CONTEMPORAINS (Prose).

ANTHOLOGIE DES ÉCRIVAINS SUÉDOIS CONTEMPORAINS, par T. HAMMAR. 4 gravures hors texte. Broché. . . . 1 franc
Relié toile souple . . . . 1 fr. 30

III — *Histoire des littératures.*

LA LITTÉRATURE FRANÇAISE AU XIXe SIÈCLE, par Ch. LE GOFFIC. Tableau d'ensemble absolument unique de la littérature française contemporaine : tous les genres, tous les écrivains. 76 grav. Br., 1 fr. 75; relié toile souple. . . 2 fr. 25

LITTÉRATURE ALLEMANDE, par W. THOMAS, agrégé de l'Univ. 57 grav. Br., 1 fr. 20; relié toile souple. 1 fr. 50

LITTÉRATURE ANGLAISE, par W. THOMAS, agrégé de l'Université. 56 grav. Br., 1 fr. 20; rel. toile souple. 1 fr. 50

LITTÉRATURE ITALIENNE, par G.-M. GATTI. 23 grav. Broché, 1 franc; relié toile souple . . . . 1 fr. 30

HISTOIRE DE LA LITTÉRATURE RUSSE, par L. LEGER, membre de l'Institut. 26 grav., 5 autographes. Broché, 0 fr. 75; relié toile souple 1 05

IV — *Monographies.*

MONTAIGNE, par L. COQUELIN. Sa vie et son œuvre (avec extraits). 6 grav. Br., 0 fr. 75; relié toile souple. 1 fr. 05

MUSSET, par GAUTHIER-FERRIÈRES. Sa vie et son œuvre (avec extraits). 4 grav. Br., 0 fr. 75; rel. t. souple. 1 fr. 05

VIGNY, par Aug. DUPOUY. Sa vie et son œuvre. 4 gravures. Broché, 1 fr., relié toile souple. . . . . 1 fr. 30

DAUDET, par P. et V. MARGUERITTE, etc. Sa vie et son œuvre (avec extraits). 8 gr. Br., 0 fr. 75; rel. t. 1 fr. 05

GŒTHE, par Ch. SIMOND. Sa vie et son œuvre (avec extraits). 4 gravures. Broché, 0 fr. 75; relié toile souple. . 1 fr. 05

SCHILLER, par Ch. SIMOND. Sa vie et son œuvre (avec extraits). 4 grav. Br., 0 fr. 75; relié toile souple . 1 fr. 05

HEINE, par A. TOPIN. Sa vie et son œuvre (avec extraits). 4 gravures. Broché, 1 franc; relié toile souple. . 1 fr. 30

TOLSTOÏ, par OSSIP-LOURIÉ. Sa vie et son œuvre (avec extraits). 4 grav. Br., 0 fr. 75; relié toile souple . 1 fr. 05

IBSEN, par OSSIP-LOURIÉ. Sa vie et son œuvre (avec extraits). 4 grav. Br., 0 fr. 75; relié toile souple. . 1 fr. 05

BEAUX-ARTS

ANTHOLOGIE D'ART FRANÇAIS : XIXe SIÈCLE (PEINTURE), par Ch. SAUNIER. *Deux vol.* contenant 240 reprod. photogr. en pleine page. Chaque vol., br., 2 fr. 50; relié toile. 3 fr. 50
Édition de luxe sur papier mat, chaque volume, br. 5 francs

ANTHOLOGIE D'ART FRANÇAIS : XXe SIÈCLE (PEINTURE), par Ch. SAUNIER. 128 reproductions photographiques en pleine page. Broché, 3 fr. 50; relié toile souple. . 4 fr. 50
Édition de luxe sur papier mat, broché . . . . 6 francs

REMBRANDT, par A. BRÉAL. 24 grav. h. texte. Br. 1 fr. 20
Relié toile souple. . . . . 1 fr. 50

L'ART A L'ÉCOLE, par Ch.-M. COUYBA et les membres du Comité de la Société française de l'Art à l'École. 70 gravures. Broché, 1 fr. 20; relié toile souple . . . . 1 fr. 50

HISTOIRE ET GÉOGRAPHIE

HISTOIRE DE RUSSIE, par L. LEGER. 12 grav., 2 cartes. Broché, 0 fr. 75; relié toile souple. . . . . 1 fr. 05

GÉOGRAPHIE RAPIDE DE L'EUROPE, par Onésime RECLUS. 16 gravures, 1 carte. Br., 1 fr. 20; rel. toile souple. 1 fr. 50

GÉOGRAPHIE RAPIDE DE LA FRANCE, par RECLUS. 18 grav. Broché, 1 fr. 20; relié toile souple. . . . . 1 fr. 50

SCIENCES PURES ET APPLIQUÉES

QU'EST-CE QUE LA SCIENCE? par F. LE DANTEC, chargé de cours à la Sorbonne. 88 grav. Broché. . 1 fr. 20
Relié toile souple. 1 fr. 50

L'ÉVOLUTION DE L'ASTRONOMIE AU XIXe SIÈCLE, par P. BUSCO. Pages choisies des grands astronomes. 63 gr. dont 16 hors texte. Br., 1 fr. 50; rel. toile souple . 1 fr. 90

L'ÉVOLUTION DE LA PHYSIQUE AU XIXe SIÈCLE. par M. COSMOVICI. Pages choisies des grands physiciens. 8 portraits hors texte. Br., 1 fr. 50; relié t. souple. 1 fr. 90

L'ÉVOLUTION DE LA CHIMIE AU XIXe SIÈCLE, par Marcel OSWALD. Pages choisies des grands chimistes. 16 portraits hors texte. Broché, 1 fr. 50; relié toile souple. 1 fr. 90

LE RADIUM, sa genèse, ses propriétés et ses emplois, par André LANCIEN. 39 grav. et 1 pl. hors texte. Br. . 1 fr. 50
Relié toile souple. . . . . 1 fr. 90

LA PHOTOGRAPHIE DES COULEURS, par COUSTET. 22 gr. Broché, 0 fr. 75; relié toile souple . . . . 1 fr. 05

L'ÉLECTRICITÉ A LA MAISON, par H. de GRAFFIGNY. 100 gravures. Broché, 1 franc; relié toile souple . . 1 fr. 40

LES ALLIAGES MÉTALLIQUES, par HÉMARDINQUER. 9 gr. Broché, 0 fr. 50; relié toile souple . . . . 0 fr. 75

LA VOIX PROFESSIONNELLE, par le Dr P. BONNIER. 39 grav. Broché, 2 francs; relié toile souple. . . . . 2 fr. 50

VIE SOCIALE ET DROIT USUEL

LA VIE ÉCONOMIQUE, par Frédéric PASSY. Broché . 1 fr. 20
Relié toile souple . . . . 1 fr. 50

ENTRE LOCATAIRES ET PROPRIÉTAIRES, par D. MASSÉ. Broché, 1 fr. 20; relié toile souple . . . . 1 fr. 50

LES ASSURANCES, par E. ADAM. Guide pratique. Broché, 0 fr. 75; relié toile souple . . . . 1 fr. 05

CE QUE LA LOI PUNIT, par GUYON. Code pénal expliqué. Broché, 0 fr. 90; relié toile souple. . . . . 1 fr. 20

LES ACCIDENTS DU TRAVAIL, par L. ANDRÉ. Br. 1 fr. 20
Relié toile souple. . . . . 1 fr. 50

ASSISTANCE AUX VIEILLARDS, AUX INFIRMES, AUX INCURABLES. Broché, 1 fr. 20; relié toile souple. . . 1 fr. 50

CODE MUNICIPAL, par Max LEGRAND. Broché. 1 fr. 20
Relié toile souple. . . . . 1 fr. 50

DROITS DE TIMBRE ET D'ENREGISTREMENT, par A. LANOË. Broché, 1 fr. 50; relié toile souple. . . . . 1 fr. 90

POUR FAIRE SOI-MÊME SON TESTAMENT, par Léon PARISOT. Broché, 1 fr. 50; relié toile souple. . . . . . 1 fr. 90

MÉDECINE ET HYGIÈNE

L'ESTOMAC, hygiène, maladies, traitement, par le Dr M.-A. Legrand. 14 grav. Br., 1 fr.; relié toile. 1 fr. 30

L'ŒIL, hygiène, maladies, traitement, par le Dr Valude, médecin de la clinique des Quinze-Vingts. 54 gravures. Broché, 1 fr.; relié toile souple . . . . 1 fr. 30

L'OREILLE, hygiène, maladies, traitement, par le Dr M.-A. Legrand. 74 gravures. Broché, 1 fr. 20; relié toile . 1 fr. 50

LA BOUCHE ET LES DENTS, hygiène, maladies, traitement, par le Dr Rosenthal. 28 gravures. Br. 1 franc Relié toile souple. 1 fr. 30

LE NEZ ET LA GORGE, hygiène, maladies, traitement, par le Dr A. Nepveu. 48 grav. Br., 1 fr.; relié toile. 1 fr. 30

LA PEAU ET LA CHEVELURE, hygiène, maladies, traitement, par le Dr M.-A. Legrand. 65 gravures. Broché . . 1 fr. 20 Relié toile souple. 1 fr. 50

LE VISAGE, CORRECTIONS DES DIFFORMITÉS, par le Dr L. Lagarde; 75 gravures. Broché, 1 fr. 20; relié toile. . 1 fr. 65

LES NERFS ET LEUR HYGIÈNE, par le Dr Guillermin. Broché, 0 fr. 75; relié toile souple. . . . . 1 fr. 05

LES MALADIES DE POITRINE, par le Dr Galtier-Boissière. 63 gravures. Broché, 1 fr. 35; relié toile souple . . 1 fr. 75

CHIRURGIE D'URGENCE, par le Dr L. Billon. 46 gravures. Broché, 1 fr. 35; relié toile souple. . . . . . 1 fr. 75

ARTHRITISME ET ARTÉRIO-SCLÉROSE, par le Dr Laumonier. Broché, 1 fr. 20; relié toile souple . . . . 1 fr. 50

HERNIES ET VARICES, par L. et J. Rainal. 55 gravures. Broché, 0 fr. 90; relié toile souple. . . . . 1 fr. 20

PRÉCIS D'ALIMENTATION RATIONNELLE, par le Dr Pascault. Broché, 1 fr. 20; relié toile souple. 1 fr. 50

LA CUISINE HYGIÉNIQUE, par Mme Cl. Faure, avec introduction du Dr Guillermin. Br., 1 fr. 50; rel. t. 1 fr. 95

POUR ÉLEVER LES NOURRISSONS, par le Dr Galtier-Boissière. 62 grav. Broché, 0 fr. 90; relié t. 1 fr. 20

POUR PRÉSERVER DES MALADIES VÉNÉRIENNES, par le Dr Galtier-Boissière. 34 grav. Br., 0 fr. 75; rel t. 1 fr. 05

LES VACCINS MICROBIENS, par le Dr Renaud-Badet. 12 gravures. Broché, 1 fr.; relié toile souple . . . . 1 fr. 30

AGRICULTURE

ROUTINE ET PROGRÈS EN AGRICULTURE, par DUMONT. 92 grav. Broché, 1 fr. 80 ; rel. t. souple. 2 fr. 25

LE JARDIN DE L'INSTITUTEUR, DE L'OUVRIER ET DE L'AMATEUR, par P. BERTRAND. Manuel pratique de jardinage. 60 grav. et 9 pl. Broché, 1 fr. 20 ; rel. toile souple. 1 fr. 50

LE VERGER DE L'INSTITUTEUR, DE L'OUVRIER ET DE L'AMATEUR, par P. BERTRAND. 193 gravures. Br. . 1 fr. 20
Relié toile souple . . . . 1 fr. 50

LE BÉTAIL, par Marcel VACHER. 10 gravures. Br. 0 fr. 75
Relié toile souple. . . . . 1 fr. 15

LE PORC, par Marcel VACHER. 10 gravures. Br. . 0 fr. 75
Relié toile souple . . . . 1 fr. 15

TOUTE LA BASSE-COUR, par H. VOITELLIER. 11 grav., 24 planches. Broché, 1 fr. 50 ; relié toile souple . . 1 fr. 95

AMÉLIORATIONS DU SOL, par M. ABADIE. 95 grav. Broché, 0 fr. 90 ; relié toile souple . . . . 1 fr. 20

DES FOURRAGES VERTS TOUTE L'ANNÉE, par COMPAIN. 44 grav. Br., 0 fr. 90 ; relié toile souple. 1 fr. 20

CONNAISSANCES PRATIQUES

DÉFENDS TON ARGENT, par G. SOREPH. 4 gravures. Broché, 0 fr. 90 ; relié toile souple. . . . . 1 fr. 20

LA CUISINE A BON MARCHÉ, par Mme J. SÉVRETTE. Broché, 0 fr. 90 ; relié toile souple. . . . . 1 fr. 20

LA NOURRITURE DE L'ENFANCE, par le Dr H. LEGRAND. Broché, 1 fr. 20 ; relié toile souple. . . . . 1 fr. 50

LE GUIDE MONDAIN, par la comtesse DE MAGALLON. Broché, 0 fr. 90 ; relié toile souple . . . . 1 fr. 20

CHAMPIGNONS MORTELS ET DANGEREUX, par F. GUÉGUEN, professeur agrégé à l'École supérieure de Pharmacie. 7 planches en couleurs. Relié toile souple . 1 fr. 50

LE PASSE-TEMPS DES MOIS, par DELOSIÈRE. 111 grav. Broché, 0 fr. 75 ; relié toile souple. . . . . 1 fr. 05

LA MAISON FLEURIE, par F. FAIDEAU. 61 gravures. Broché, 0 fr. 90 ; relié toile souple. . . . . 1 fr. 20

LES HABITATIONS A BON MARCHÉ et un art nouveau pour le peuple, par Jean LAHOR. 39 gravures. Broché. 2 francs
Relié toile souple . . . . 2 fr. 30

LE DESSIN DE L'ARTISAN ET DE L'OUVRIER, par CHEVRIER. Broché, 0 fr. 75 ; relié toile souple. . . . . . 1 fr. 05

POUR FORMER UN TIREUR, par VIOLET et VOULQUIN. Broché, 0 fr. 75 ; relié toile souple. . . . . 1 fr. 05

FRONTIÈRES FRANÇAISES, FORTS, CAMPS RETRANCHÉS, par G. VOULQUIN. *Trois vol.* illustrés de nombreuses grav. et cartes. Chaque vol., broché, 1 fr. 20 ; rel. t. souple. 1 fr. 50

SPORTS

LE LAWN-TENNIS, LE GOLF, LE CROQUET, LE POLO, par P. CHAMP, F. DE BELLET, A. DESPRÉS, F. CAZE DE CAUMONT. 50 grav. dont 24 hors texte. Relié toile souple. . . 2 francs

LES SPORTS ATHLÉTIQUES : *Football, Course à pied, Saut, Lancement*, par P. et J. GARCET DE VAURESMONT. 45 gravures. Relié toile souple. . . . . 2 francs

LES SPORTS NAUTIQUES : *Aviron, Natation, Water-polo*, par Louis DOYEN, Paul AUGÉ et Georges MOËBS. 41 grav. dont 24 hors texte. Relié toile souple . . . . 2 francs

LA BOXE : *Boxe anglaise et française, Lutte*, par J. MOREAU, CHARLEMONT, LUSCIEZ et DERIAZ. 48 gr. Rel. t. 2 francs

L'ESCRIME : *Fleuret, Épée, Sabre*, par KIRCHHOFFER, J. JOSEPH-RENAUD et L. LECUYER. 48 grav. Rel. toile. 1 fr. 30

LA CHASSE A TIR AU CHIEN D'ARRÊT ET LA CHASSE AU GIBIER D'EAU, par GASTINNE-RENETTE, P. BERT, Cte J. CLARY, VOULQUIN, etc. 128 gravures. Relié toile souple . . 2 francs

LE PATINAGE ARTISTIQUE, par Louis MAGNUS. 33 gravures et 19 planches hors texte. Relié toile souple. 2 francs

LES ÉCLAIREURS DE FRANCE ET LE ROLE SOCIAL DU SCOUTISME FRANÇAIS, par le capitaine ROYET. 28 gravures hors texte. Relié toile souple. . . . . 2 francs

JEUX ET CONCOURS DE PLEIN AIR à la campagne, à la mer, à l'école, par le baron GUSTAVE. 60 gravures dont 32 hors texte. Relié toile souple . . . . 2 francs

Larousse mensuel illustré

Publié sous la direction de Claude Augé

Le seul périodique véritablement encyclopédique, enregistrant chaque mois dans l'ordre alphabétique, sous une forme documentaire, toutes les manifestations de la vie contemporaine, littérature, arts, sciences, politique, etc. : tient au courant de tout, forme la mise à jour indéfinie du *Nouveau Larousse illustré* et de toutes les encyclopédies. — Paraît le 1er samedi du mois.

LE NUMÉRO de 24 pages gr. in-4° (32 × 26), illustré de nombreuses gravures . . . . 0 fr. 90

ABONNEMENT D'UN AN : France et Colonies . . . 10 francs
— — Étranger (Union postale). 12 francs

(Ajouter 90 centimes si on désire recevoir les numéros sous tube-carton)

En vente : TOME I (1907-1910). Magnifique volume de 842 pages, 2 812 gravures, 103 cartes.
TOME II (1911-1913). Magnifique vol. de 930 pages, 2 340 grav., 82 cartes, 6 planches en couleurs.
Chaque volume, broché, 24 fr. ; relié demi-chagrin. . 30 francs

(Facilités de payement — Prospectus sur demande.)

Larousse médical illustré

Publié sous la direction du Dr Galtier-Boissière

Encyclopédie médicale à l'usage des familles, donnant sous la forme la plus pratique tout ce qu'il est utile de savoir sur nos organes et leurs fonctions, les différentes maladies et leur traitement, l'hygiène, etc. Magnifique volume in-4° de 1 300 pages (format 20 × 27), 2 462 gravures dont un grand nombre de photographies d'après nature, 36 pl. en coul. Broché 34 francs
Relié demi-chagrin (rel. originale de G. AURIOL) . . . 40 francs

(Facilités de payement — Prospectus spécimen sur demande.)

Collection in-4° Larousse

*Splendides ouvrages de luxe (format 32 × 26)
merveilleusement illustrés par la photographie
Reliures artistiques originales*

HISTOIRE DE FRANCE ILLUSTRÉE (DES ORIGINES A LA FIN DE LA GUERRE DE 1870-71), *en deux volumes.* La plus intéressante et la plus belle histoire de France qui ait jamais été publiée. 2 028 gravures photographiques, 43 planches en couleurs, 9 cartes en couleurs, 96 cartes en noir. Broché, 53 fr.; relié demi-chagrin. . . . . . 65 francs

LA FRANCE, GÉOGRAPHIE ILLUSTRÉE, *en deux volumes*, par P. JOUSSET. Merveilleuse et vivante évocation de toutes les beautés de notre pays. 1 942 gravures photographiques, 47 planches hors texte, 21 cartes et plans en noir, 30 cartes en couleurs. Broché. . . . . 56 francs
Relié demi-chagrin . . . . 68 francs

ATLAS COLONIAL ILLUSTRÉ. 7 cartes en couleurs, 70 cartes en noir, 16 planches hors texte, 768 gravures photographiques. Broché . . . . 18 francs
Relié demi-chagrin . . . . 23 francs

PARIS-ATLAS, par F. BOURNON. 595 gravures photographiques, 32 dessins, 24 plans en huit couleurs. Br. . 18 francs
Relié demi-chagrin. . . . . 23 francs

L'ALLEMAGNE CONTEMPORAINE ILLUSTRÉE, par P. JOUSSET. 588 gravures photographiques, 8 cartes en couleurs, 14 cartes ou plans en noir. Broché. . . . 18 francs
Relié demi-chagrin . . . . 23 francs

LA BELGIQUE ILLUSTRÉE, par DUMONT-WILDEN. 601 gravures photographiques, 15 planches hors texte, 4 planches en couleurs, 6 cartes en couleurs, 19 cartes en noir. Broché, 20 francs; relié demi-chagrin . . . . 26 francs

L'ESPAGNE ET LE PORTUGAL ILLUSTRÉS, par P. JOUSSET. 772 gravures photographiques, 10 cartes et plans en couleurs, 11 cartes et plans en noir. Broché . . . 22 francs
Relié demi-chagrin. . . . . 28 francs

LA HOLLANDE ILLUSTRÉE, par VAN KEYMEULEN, BOOT, etc. 349 gravures photographiques, 2 planches en couleurs, 15 planches en noir, 4 cartes en couleurs, 35 cartes en noir. Broché, 12 francs; relié demi-chagrin . . . . 17 francs

L'ITALIE ILLUSTRÉE, par P. JOUSSET. 784 gravures photographiques, 14 cartes et plans en couleurs, 9 cartes en noir. Broché, 22 francs; relié demi-chagrin. . . . . 28 francs

LE JAPON ILLUSTRÉ, par Félicien CHALLAYE. 677 gravures photographiques, 4 planches en couleurs, 8 planches en noir, 11 cartes et plans en couleurs, 15 cartes et plans en noir. Broché, 20 francs; relié demi-chagrin. . . . . . . 26 francs

LA SUISSE ILLUSTRÉE, par A. DAUZAT, 635 gravures photographiques, 10 cartes en noir, 11 cartes en couleurs, 2 pl. en coul., 12 pl. en noir. Broché, 19 fr.; rel. demi-ch. 25 francs

ATLAS LAROUSSE ILLUSTRÉ. 42 cartes en couleurs, 1 158 grav. photogr. Br., 26 fr.; relié d.-chagrin. 32 francs

LA TERRE, GÉOLOGIE PITTORESQUE, par Aug. ROBIN. 760 gravures photographiques, 24 hors-texte, 53 tableaux de fossiles, 158 dessins et 3 cartes en couleurs. Broché. 18 francs Relié demi-chagrin. . . . . 23 francs

LA MER, par CLERC-RAMPAL. 636 gravures photographiques, 16 hors-texte, 4 planches en couleurs, 6 cartes en couleurs, 316 cartes en noir ou dessins. Broché . . . . 20 francs Relié demi-chagrin. . . . . 26 francs

LE MUSÉE D'ART (DES ORIGINES AU XIXe SIÈCLE), publié sous la direction d'E. MÜNTZ. 900 grav. photogr., 50 planches hors texte. Broché, 22 fr.; relié demi-chagrin . . 27 francs

LE MUSÉE D'ART (XIXe SIÈCLE), publié sous la direction de Pierre-Louis MOREAU. 1 000 gravures photographiques, 58 planches hors texte. Broché. . . . . 28 francs Relié demi-chagrin. . . . . 34 francs

LES SPORTS MODERNES ILLUSTRÉS, encyclopédie sportive illustrée, publiée sous la direction de P. MOREAU et G. VOULQUIN. 813 gravures, 28 planches hors texte. Broché, 20 francs; relié demi-chagrin . . . . 26 francs

En cours de publication : HISTOIRE DE FRANCE CONTEMPORAINE ILLUSTRÉE.

Paris. — Imp. LAROUSSE, 17, rue Montparnasse. — 755

www.ingramcontent.com/pod-product-compliance
Ingram Content Group UK Ltd.
Pitfield, Milton Keynes, MK11 3LW, UK
UKHW032013260826
14628UKWH00005B/2476

9 782012 869066